JN439475

두고 온 정원

김현길 시집

도서출판 경남

시인의 말

누가 나에게 왜 시를 쓰느냐고 묻는다면 딱히 할 말은 없다. 그냥 운명처럼 쓴다고나 할까.

나의 시는 돌탑을 쌓는 심정으로 썼다. 수석인들이 좋은 돌을 찾아 전국의 산천을 누비듯이, 시어를 찾아 열심히 내 영감의 강가를 뒤적였다. 탑을 쌓을 적에 맨 아래쪽 돌은 크고 반듯한 것을 놓았고, 그 다음으로 모양과 크기를 맞추어 차근차근 쌓아 나간다. 밑돌이 오랜 세월을 거친 이끼 낀 돌이면 윗돌도 그에 맞춰서 이끼 낀 돌을 놓았고, 만약에 이끼 낀 돌이 없어 최근에 채석장에서 깨어져 나온 새 돌을 놓았다 치면, 순수 우리말에 꼭 외래어를 섞은 것처럼 조화가 맞지 않을 것이 분명하다. 모양도 같아야 하지만 색깔과 풍기는 향기마저도 같아야 한다.

정성 들여 쌓은 탑이 마음에 들지 않으면 허물어서 다시 쌓기를 반복했고, 그러고도 마음에 들지 않으면 튀어나오고 각진 부분을 정으로 다듬었다.

탑은 꼭 크고 웅장해야만 되는 것은 아니라고 생각한다. 때로는 작고 아담하면서 날씬하고 소박해야 된다. 획일적이고 밋밋한 탑은 보는 이로 하여금 감흥을 줄 수가 없기 때문이다. "검소

하지만 누추하지 않고 화려하지만 사치스럽지 않다"는 말이 있다. 내가 쌓은 돌탑도 이와 같이 되기 위해 나름대로 최선을 다했다.

평소 우리들이 흔하게 쓰는 언어가 때로는 멋진 시어가 될 수 있다고 생각한다. 사각으로 된 크고 웅장한 상징탑이 있는가 하면, 큰스님들이 입적하신 후 사리를 모신 부도가 있고, 작은 돌멩이로 된 뭇사람들이 하나하나 올려놓은 소원 탑이 있듯이, 돌탑의 종류에 따라 여러 가지 형태의 다양한 돌들이 필요하다.

나의 돌탑은 감은사지의 삼층 석탑이나 불국사의 석가탑같이 빼어나지는 못해도, 내 영감의 강가에서 찾은 순수한 돌로 아름다운 돌탑을 만들기 위해 부단히 노력했다. 설령, 내가 쌓은 탑이 성황당 고갯마루의 아무렇게나 올려놓은 돌무더기 같은 탑일지언정, 나의 탑을 아끼고 사랑하리라!

내 시를 보고 한 사람이라도 행복해졌으면 좋겠다.

차례

제2부 회상

제3부 조각배에 사랑을 싣고

제1부 풍광에게 물어본 과거

옥산 금성*

아지랑이 피는 4월 수정봉
거제만의 유채 밭에는 황금 나비 떼가
무수히 꽃가루를 날리고
다행히 왜선의 흔적은 없다
부사府使 송희승
그는 아직도 혼자 산성 지키며 있다

1873년 축성의 당위성을 상소하였으나
받아들여지지 않았고 직권으로 수정봉에다
대신 옥산 금성을 쌓기로 한다
임진왜란 때 동래부사 송상현과
부산진 첨사 정발장군처럼 장렬히 순국할 참이었을까
다소 무리는 있었으나 천하의 요새,
만 명의 적을 창 하나로 막을 수 있는 자리,
그의 유비무환 정신을 훗날 위정자들이 본받았다면
누가 아나, 불과 37년 뒤 나라를 빼앗기는 일은 없었을는지…

각산 선창에 홀연히 저녁북새가 내린다
개인의 치부가 아닐진대 시대여!
송희승을 다시 거제 부사에 복직시켜라!

*옥산 금성 : 거제시 거제면 뒷산 수정봉에 있는 산성 이름.

팔공산 갓바위

누가 달구벌을 보는가
번뇌의 골짜기
천년의 바람

돌계단에 전설은 쌓이고
촛불 속의 타는 범어梵語
염화시중 갓바위 하늘

아, 여기 무릎 꿇은
연약한 우주의 종種 하나

할매 부처*

동남산 불골에
이바구 잘하는 할매
조삼조삼 소매 속에
양손을 집어넣고
흰 수건
깊숙이 쓰고 아이들을 부르네

김알지 이야기며
박혁거세 이야기며
천관녀를 말하다가
문무왕을 말하다가
보문 들
찰보리 밭에 어둑어둑 해 진다.

*할매 부처 : 경주 남산 불골에 있는 감실부처(할매부처)를 보고.

소록도 한하운* 시비 앞에서

— 소록도 문학기행에서

소록도, 소록도,
한하운 님의 소록도
나는 님을 소록도에서 만났다
다른 분들의 시비는 다 서서 있는데
님의 시비만 누워 있다

영원한 봄 언덕에 보리피리를 불며,
반가운 문둥이 동무들이 걸터앉아 쉬라고
아니, 그가 살다간 인생길이 너무 힘들어서 누워 있다

너럭바위 시비에 걸터앉은 초로의 노인이 그를 쓰다듬으며
"시인 한하운은 내 친구여! 우리들의 영원한 친구여!"
쓰다듬는 그의 손도 역시 조막손이다.

이제 님은 천안삼거리 버드나무 밑에서
찌까다비를 벗어서 발가락이 몇 개 남았는지 헤아려볼 필요도,
황톳길 절름절름 전라도 천릿길을 찾아갈 필요도 없다
반가운 동무들과 지상낙원이 된 이 소록도에서
영원히 살아 있으니까.

*한하운 : 〈보리피리〉 〈전라도 가는 길〉(소록도 가는 길)을 발표하여 많은 사람들의 심금을 울렸다. 실제 그도 한센병 환자였으며, 6개월 정도 그곳에서 살았다. 소록도 중앙공원에 있는 〈보리피리〉 시비가 특이하게 너럭바위처럼 누워 있다.

순천만 갈대

순천만에는 갈대가 산다
갈대가 사는 순천만에 가면
철새들이 사람 구경을 나오고
망각에 익숙해진 사람들은
앵무산 꼭대기 흑두루미 엽서 한 장
그 엽서 한 장 얻으려고
짓무른 노을 속을
부지런히 가고 있다.

인천대교를 건너며

옛날, 송탄에 사는 총각이
영종도 처녀를 사랑했다
한동안 바닷길이 험해서
노 젓는 배로는 어림도 없었다

처녀를 그리워하다 잠이 든 어느 날 밤
꿈속에서 여의주를 놓고 다투는
두 마리 용을 보았다
물보라를 일으키며 뒤엉켜 싸우다가
갑자기
육지와 섬을 연결하는
거대한 다리로 변하는 것이 아닌가

훗날 두 사람의 자손들이
꿈속의 다리를
현실로 보게 될 줄이야

서쪽 하늘엔 그리움처럼 노을이 지고
칠면초 꽃밭인 양 그 노을 사이로
당시의 연인들이 포옹을 하는 듯,
두 마리 용이 다투기라도 하는 듯……

방답구미*의 전설

동네 사람들아~! 떠돌이 수캐 여기 있다~!'

주둥이는 땅을 훑고, 항시 불안한 눈은 주위를 살피며 이념의 질병만을 생각하는 비렁뱅이 개, 거부지기에 싸여 버려진 푸닥거리 음식이나 사립문 밖 담장에 도마째 올려놓은 뉘 집 제사 지낸 뒤의 까치밥, 아니면 추녀 밑 보리쌀 바구니 덮쳐 달아날 생각이나 하는, 산속에 숨어 살면서 세상에 그 무서운 병을 옮길 것만 같은 개, 한때 갈퀴 털을 휘날리며 들판 길을 내달릴 적에는 언제나 선봉이었고, 면 소재지에서 부는 오포 소리*를 뒷산 늑대처럼 따라 할 때는 다들 부러워했었다 그러나 철모자에 총을 든 사람들에게 쫓기면서 뱃가죽은 등짝에 붙고 퀭한 눈에는 조밥 같은 눈곱자기, 곰보 할매 소 마구간 짚 볏가리 속에 기척 없이 숨어들어 불안한 선잠을 자고, 조여오는 포위망 속 운명 같은 새벽 마구간 곰보 할매와의 조우, 간절한 눈빛으로 애원했지만 기어이 '동네 사람들아~!…' 아! 야속한 사람들 오금이 저렸다 한 서린 산비탈 절뚝발이 절뚝발이 파르티잔처럼 쫓기다 잡혀 죽은 떠돌이 수캐 이야기 전설로 남아 떠돌고 있다.

*방답구미 : 거제시 둔덕면 하둔리 방답 마을.
*오포 소리 : 사이렌.

모양성牟陽城

고창 모양성제가 열린다기에
새벽같이 수저 잡는 시늉만 했다
북문 누각에 부지런한 벌 몇 마리가
벌써 색 바랜 단청을 반치나 칠하고 있었다
죄는 지은 것도 없는 것 같은데
맞배지붕 옥獄자가 무섭기만 하다
모양성의 성밟기가 영험하다기에
나는 예사로 돌을 여볼까 생각 중인데
"소나가 워떻케 머리 우에 돌을 인다냐!"
낡은 성벽 오래된 돌들이 가나
갑자기 남도 사투리로 농弄을 걸어온다.

정동진

선객 여러분!

저는 썬크루즈호 선장입니다

505호실 선객께서는 지금 빨리 조타실로 오십시요

지금부터 당신이 옛날 수부였음을 인정하겠습니다

자 우선 저의 마도로스파이프를 입에 무십시요

이 배의 항법장치와 레이더는 완벽합니다

최종목적지인 로스앤젤레스까지는 약 72시간 소요될 예정입니다

방금 우현 2시 방향 여명이 트기 시작했습니다

조타실 물레 키를 오른쪽으로 한 바퀴 감아 주십시요

담배 연기 때문에 한쪽 눈을 찡그리셔도 괜찮습니다

언제나처럼 파도가 오늘도 백사장에 밀려옵니다

그러나 저 백사장의 물떼새 발자국은 신경 쓰지 마십시요

그들은 사랑스런 발자국을 내일 또다시 찍어 놓습니다

가다보면 동해바다 어딘가에 귀신고래가 나타날지도 모릅니다

그러나 걱정하실 필요는 없습니다

놈이 옆으로 지나갈 때 가만히 손을 흔들어주면 됩니다

자, 이제 아주 노숙하게 올 스탠바이 하고 외치십시요
그리고 기관실에 전진신호를 넣으십시요

먼 수평선에는 서서히 불덩어리가 솟아오른다
드디어 선객들의 환호 소리와 함께
이만톤급 썬크루즈호는 정동진항을 출항한다
뱃고동은 길게, 아주 길게 세 번 울었다.

공곶이

태초의 땅 공곶이
머리 하얀 영감 할멈
동백꽃, 후박나무숲, 천국의 계단,
물새들의 고향 하얀 등대 서이말과
손 뻗으면 닿을 듯 내도의 섬치며
풍랑 따라 밀려오는 수반 위에 해금강
하릴없이 하릴없이 파도와 뒹굴며 노는
저 자식 같은 몽돌들을
차마 두고 떠날 수 없어
수선화 향기에 묻혀
어느새 칠십 년을 살았다네.

*공곶이 : 거제시 일운면 예구마을에서 20여 분 걸어서 고개 하나 넘어가면 거제에서 마지막 남은 오지가 있다. 그곳에 수선화 가꾸며 대자연에 순응하면서 사는 노부부가 찾아오는 손님을 반갑게 맞는다.

학동 흑진주 몽돌해변

그래, 이곳은 분명
저 밤하늘의 은하수를 본떠서
신이 만들어 놓은 것이 틀림없어
견우와 직녀가 만나 사랑의 징표로
은하수의 소금을 우주에다 흩뿌리고
그리하여 생겨난 수많은 별들이
저처럼 아름답게 반짝이는 걸 거야
그 별이 내린 학동 몽돌해변에
젊은 남녀가 밤바다를 향해
물수제비를 뜨고 있다
"하나, 두울, 셋
애개! 징검다리별이잖아
하나, 두울, 셋… 일곱
어머! 국자별이네"

야옹이가 부엉이 바위로 간 까닭

나는 방 안에서 야옹이를 공중으로 던지며 놀았다 그러면 그는 멋지게 공중 비틀기를 한 후 방바닥에 지남철처럼 찰싹 붙었다 누워서 배 위에 올려놓고 머리를 쓰다듬으면 눈을 지그시 감았고, 저으기 안심한 듯 목구멍에서 갸르릉 갸르릉 소리를 내었다

그러다 회전을 더 많이 걸어 높이 던지면 중심을 잃고 내동댕이쳐졌고, 별 뜻 없이 앙팡지게 울었을 뿐 꼬마주인의 짓궂은 장난에도 그 날카로운 앞발톱을 한 번도 내민 적이 없었다 다만, 슬그머니 집 뒤 대밭 속으로 사라졌다가 해거름에 어슬렁어슬렁 쥐 한 마리 물고 와서는, 하키선수가 볼을 갖고 놀듯 나 보는 앞에서 요리조리 장난을 치다가 내가 저를 그랬듯이 공중으로 획 던졌다가 받기를 반복했다 묘기를 다 보이고 나면 방문 앞 섬돌 위에서 머리만 남기고 천천히 먹었다

세월이 6~7년쯤 흐른 어느 날 새벽, 갑자기 집을 나간 뒤 돌아오지 않았다 기다리다 지친 나는 그가 잘 다니던 대밭 속을 거미줄을 손으로 쳐가며 애타게 불러 봐도 그의 모습은 보이지 않았다 "어머니! 야옹이가 집을 나갔어요?" 대수롭잖게 생각하던 어머니도 야옹이를 은근히 기

다리기는 마찬가지였다 어제 저녁밥 지을 쌀을 푸러 고방에 갔다가 쥐 잡는다고 홍두깨로 내려치는 바람에 4대째 내려오던 쌀독이 깨졌단다

그래서 야옹이 먹으라고 생선국에 밥을 말아 대문간에 놓고 초롱불을 밝혀 두었다 밥그릇 앞에서 어머니는 약간 허리를 구부리고 "야옹아! 얼른 와서 이 맘마 먹고 저 고방 속에 있는 미친 쥐를 좀 잡아다오" 하고 주문처럼 외웠다 그러나 그는 끝내 돌아오지 않았다

생선국에 말은 밥은 밤새 모자 쓴 쥐들이 히히대며 다 먹어 버렸고, 그날 이후로 나는 베개를 공중으로 던졌다 받는 이상한 버릇이 생겼다 아마 그때의 야옹이도 꼬마 주인의 교묘한 괴롭힘을 견디다 못해 평소 다니던 집 뒤 대밭 길을 따라 부엉이 바위로 가지 않았을까 하는, 바보 같은 생각이 오늘 문득 떠오른다.

둔덕천*의 물총새

싱그러운 가지들이 서로 껴안고
들머리 긴 물웅덩이 닿을 듯이 늘어선 곳
오색 강돌 위로 은어 떼 번뜩이는 둔치에 서면
남치마 홀치매고 물박음질하는 물총새 한 마리

토굴 둥지 속은 포근하기만 한데
고사목 가지 끝에 일상을 매달고서야
비로소 물에 비친 본연의 모습을 보았네

욕심 없는 냇물은 종일 그렇게 흘렀다
어느새 오고가던 둑방길에 노을은 지고
그루터기에 후줄근히 앉아
잠시 노을빛에 젖은 몸을 말리는데

발밑까지 밀려 온 산그늘에 놀라
울며 엄마 뒤쫓아 가는 어린아이같이
애절한 울음소리 냇가에 남겨 둔 채
홀연히 그 모습 뒷산 준령峻嶺을 넘는다.

*둔덕천 : 거제시 둔덕면에 있는 천川 이름.

부 활

—단종제에 부쳐

해마다 4월이 되면
강원도 영월에는
고만고만한 또래 애들이랑
거뭇거뭇 수염 난 사람들이
청령포 솔숲을 빠져나와
울긋불긋한 깃발을 들고
관풍헌으로 향한다

고만고만한 무리 속에
노산군이 섞였다가
변성기의 떨리는 목소리로
수양 숙부! 수양 숙부!
아 아 벚꽃 한 잎 애처로이 지고

그 꽃 다시 동강변에 필 때쯤
절규하던 어린 왕이
강물에 얼비친 햇살면류관을 쓰고
환하게 웃으며 부활하는 것을,
우리 곁에 영원히 사는 것을,
보라!
비정의 역사여!

북간도

작별의 순간이 다가오자
서로의 손을 잡으며
묵시적 눈빛만 주고받는다.
원래 내 집을 세 얻어 사는 꼴이라니
죽어 저승 가서 생각해봐도 기막힐 일 아니오
과거와 현재가 공존하는 저 지평선 너머
누가 이토록 절절한 사연들을
옥수수 밭에다 적어 놓았을까
누가 이 고랑 고랑 빼곡히 적힌 통한의 기록들을
낱낱이 알아볼 날이 올 것인가
그날이 오면 이 땅의 옛 주인들 불러 놓고
앞서서 누구 먼저 쇠를 치시구려
우리 모두는 벅구를 놀며 뒤 따르겠소
비록 삶은 진부할지라도
진정 당신들은 땅만 파는 두더지로만
결코 생을 마감하지는 않을 거라고
반도의 끄트머리쯤 사는 농부 한 사람이
감회에 젖어 묻더라고
가슴 치며 묻더라고……

*북만주 문학기행에서

안중근

우린 다 안다
1909년 10월 26일
하얼빈 역
아, 가련한 은빛 여우
탕!
탕!
탕!
만세!

*하얼빈 안중근의사 기념관에서.

선운사 소고

선운사 찾아갔네
도솔암 마애불 보러갔네
낙조봉, 천마봉, 비기책에 동학 접주 송화중
누군가 불쑥, 요즘 정치판에 정도령이 몇이야?
그 백면서생 동백은 뒷전이고
송하비기, 도선비기, 정감록 이야기만 한다

마애불 지키는 늙은 소나무 바람에 가지 부러지고
그곳에 탁목조 신방을 차렸다
탁목조 알 까고 떠난 자리
이번엔 물푸레나무가 아예 뿌리내리고 산다

타는 단풍에 놀란 도솔천이 용문굴을 향해 꿈틀댈 때
낙조봉 정상, '백파' 와 '추사' 가 바둑을 둔다
"백파 선사!, 이번 판은 당신이 졌소, '십오망증' 이오
허허 그 사람 반딧불로 수미산을 다 태우려고 덤비는구먼"
두 석학의 불교를 걸고 둔 바둑은 결국 무승부로 끝난다

인간 탁목조들은 마애불 가슴을 쪼아
기어이 비기책 꺼내 들고 튀었다

그 책에는 도대체 어떤 비결이 쓰여 있었길래
사람들이 그토록 갖고 싶어 했을까
아마도 천마봉에서 천마를 타고 날으는…

적멸보궁 뒤뜰 즐비한 부도들이
쓸데없는 생각일랑 말고
꽃무릇이나 보고 가라 한다
저 동백이나 보고 가라 한다.

흰 계룡산 밑에서

거제도의 계룡이
그 붉어야 할 벼슬이
오늘은 하얗다
벼슬뿐만 아니라 등허리 비늘까지도
희다

좀체로 눈이 내려도 쌓이지 않는 남녘에
귀성길 자동차 지붕 위로
하늘나라 떡 방앗간에서 축복인 양
구정 잘 쇠라고 인심 쓰듯 양껏 뿌렸나 보다

먼저 계룡이 떡가루를 받아먹고
백白계룡으로 변하여 엎드려 있다
턱을 고인 채 삼성조선소, 포로수용소를
포만감에 젖어 한쪽 눈 지그시 감고 굽어보고 있다

행복한
저 계룡같이
왠지 모두의 마음이 다 느긋하다
육십 년 만에 돌아오는 백호白虎해이니

흰색이 길조吉兆인 것만은 틀림없고

집집마다 오순도순
올 한해 좋은 일만 있을 것 같은 예감에
눈 덮어쓴 계룡산처럼 다들,
산 밑에서 느긋하기만 하다.

꿈

조선 상고사를 보다가
소년은 깜빡 잠이 든다
꿈속에서 장총을 비켜 든 채
말을 타고 통한의 땅으로 간다
뜨거운 피가 끓어오르고
끝없는 지평선을 달리며
가늠쇠 구멍으로 과거를 노려본다
총소리에 놀라 꿈에서 깨면
한없는 허무를 느꼈다
가만히 호롱불 심지를 돋우고
침묵의 책꽂이에서
북간도*를 꺼내 본다.

*《북간도》: 안수길의 소설.

소쇄원 배롱나무

쟁쟁 대숲에 대바람 소리
도란도란 속삭이는 계곡물 소리
광풍각 뒤뜰에
귀 세우고 듣는 배롱나무는
대나무의 곧음에 반하기도 하고
흐르는 계곡물 소리도 사랑하였으나
당겼다, 늦췄다, 흔들다가 놓는
기막힌 단가 한 수에 그만,
시향 따라 구불구불 홀로 늙어 가는
그렇게 늙어만 가고 있는

*담양 가사문학 소쇄원에서

연평도

연평도 카몬
조기잡이로 유명했제
조기, 거 참말로 맛 있었제
옛날 우리 영감탱이도 잡으로 갔다 아이가!
우째 조기잡이고?
너거 영감은 강원도 이까바리제.

〈가랑잎처럼 떠 있는 섬
해년마다 평화가 지켜진 섬
그곳에 포탄이 떨어졌다
장사정인가 곡사폰가
서로 공갈을 쳐댄다
다 뿌사져도 좋다고
죽어도 고오라고
여기다가(수도권) 때리기만 하면
20분 안에 장사정인가 곡사폰가 90%로 초토화시킨단다.〉

아이구 무서바라
그런데 갸들 핵무기는 우짜노?
핵무기 있다쿠던데,

그건 아마 몬씰기다
조진가 와싱톤인가 안있나
언젠가 테레비서 보니 아아들 오락 개임하듯
박다드에 번쩍번쩍 몇 번 하디만
승리했다쿠데, 디기 재미나데
우리 손자놈도 한번 보내볼까
우리 손자 개임 하나는 쥑이뻔다 아이가

야, 이 할마시야 육이오도 안객것나
흥남철수 때 빅토리아호
10만 피란민 장싯포항에 안 왔더나
포니 준장인가 데불고 안 왔더나
뭣이라꼬? 손자를 전장터다 보낸다꼬?
포로수용소 관광지는 돈만 벌자고 만들었나
요 몇십년 다들 배아지가 뜨뜻해졌나보네
아이고 별시러버라
병법에 전장 안치러고 이기는 게 최고라던데,
옛날같이 또 강대국 갸들한테
이용당하는 건 아닌지 내사 마 모리것다.

최익현 선생 순국비 앞에서

늙은 몸이 대수더냐
나라가 망해간다
서릿발 그 기상은
젊은이 못잖았네
분함을
참지 못하고
의병을 일으킨다.

일제에 체포되어
대마도로 호송되니
신발 속 흙 넣고 와
조국사랑 실천했네
더러운
네놈들 땅을
밟기조차 싫구나.

적의 음식 먹지 않고
끝끝내 순국하니
장례 치른 수선사에
가을볕이 따습구나

만백성
통곡한 사실을
이제서야 알겠네.

아메노모리 호우슈〔雨森芳州〕

일본 사람 우삼방주
한글을 가르쳤네
교린수지 책 만들어
조선을 알자 했고
진실한
믿음 하나로
우의를 다짐했네

백년 뒤 경복궁에
낭인들이 들이닥쳐
민 황후 시해사건
두 제자 관련됐네
선생의
성신지 교린을
부끄럽게 만들었다

대마도 기행 중에
그의 무덤 찾아갔네
이즈하라 언덕배기
대나무숲 우거진 곳

여명에
찾아온 길손을
산새 먼저 반기더라.

거가대교에서

명랑한 거제도 토끼가
유호 끄트머리에서 깡충깡충
저도, 중죽도를 연달아 건너뛴다

그때 부산 가덕도 물속에서
엉큼한 자라 한 마리가
목을 쑤욱 뽑고 마중을 나온다

이내 토끼는 자라 등을 타고
용궁 속으로 들어갔다가
웃으면서 되돌아 나온다

'상전벽해'
아! 나는 오늘
현대판 마당놀이
별주부전을 보고 있다.

지리산 묵계리

묵계리의 밤은
별들이 하도 많아
유별나게 하늘이 비좁다
달이 뜨면 신선들이
봉우리마다 달빛으로 잉아를 걸고
풀벌레의 노래, 계곡 물소리에 맞춰
그네를 타고 논다
새벽 운무가 골짝을 메울 때면
아하! 맞다
옛날 안견이 몽유도원도를
여길 보고 그렸을 거야
어느덧 나도 신선이 된다.

가조도 옥녀봉

그녀의 치마 끝은
섶밭몰* 치끄트머리 노루섬이다

그 긴 치마폭으로
어미닭처럼 섬 전체를 품고 있다
영험하게도 사라호 태풍이 불기 전날 밤
꿈속에 나타나 얼른 가자 바삐 가자

진두부터 논골로 군령포로,
아래위 놋다리 거쳐 닭섬 돌고
창촌 재몬당 치마 한 번 추스르고는
허둥지둥 실전 들러 다시 섶밭몰로
불 밝힌 성포항 앞서 건넜다

괭이바다엔 그물코마다 피조개를 달고
집집이 종패를 털고
그리하여 지나가는 개들도
지폐를 물고 다닌다는 섬
고개섬 너머 낙조가 질 때면
손차양하고 자물자물 어의도 건너오는

만선의 배를 기다리는
지금도 옥녀는 있다
언제까지 섬 꼭대기 지키고 있다.

*섶밭몰 : 거제시 사등면 창호리(가조도) 신전마을.

아! 그날의 진주성

계사년 그날
장맛비 내리고 활줄은 풀려
1차전의 수모를 갚으려는 듯
10만 왜병들은 갈까마귀떼 마냥
성벽을 기어올랐다
9일간의 치열한 전투는 말 그대로
악전고투, 고립무원, 중과부적,
막고 또 막았건만…
명군은 그렇다 치자
도원수는? 홍의장군은?
아! 저 6만 성민들은 어쩌란 말이냐!
끝내 구원군은 오지 않았고
성은 함락되었다.

여기가 그 동문이던가요
갑옷 입고 큰칼 휘두르는
할아버지의 환영을 봅니다
결사대를 이끌고 적진을 휘저었으며
성벽을 기어오르는 왜적들을
베고 또 베고,

나의 12대조 할아버지시여!
4백 년도 훨씬 지난 지금에야
할아버지를 뵙습니다

그날의 처절했던 전장터에서
못난 후손 하나 무릎 꿇고 웁니다
너무나 죄스럽습니다
그러나 자랑스럽습니다
오직 나라를 위험에서 구하고자
거제현을 의병들에게 맡기시고
분연히 진주성으로 달려갔었지요

그 전에 80십 결사대로 왜적을 2십여 리나 쫓았고
또 무계현에서는 모리 부대를 격파하셨지요

오늘도 자식들의 귀에는 못이 박힙니다
"1593년 계사년 그날, 역사 속의 너 할아버지 거제현령 김준민* 장군은
2차 진주성 전투에서 동문을 끝까지 사수하다 6만 성

민과 함께 35살의 나이로 장렬히 전사하셨다고. 오로지 나라 위해 한목숨 기꺼이 바치셨다고……"

*김준민 : 임진왜란 때 거제현령으로 재직하다가 계사년 1593년 6월 29일 2차 진주성전투에 참가하여 김천일 밑에서 동문을 끝까지 사수하다 전사했다. 임란이 끝나고 선무원종일등공신에 책록되었고, 증 의금부지사 및 형조판서에 추증되었다. 위패가 충민사에 배향되어 있고, 거제시 둔덕면 어구리 뒷산 선산에 가묘가 조성되어 있다.

제2부 회상

두고 온 정원

이상한 소리에 잠이 깬다
사랑싸움이 유별난 왜가리 부부가
밤새 참았던 그 애모가지 고함을
새벽 창공에 내지른 것이 분명하다

백주대낮 물 고인 저수지
드문드문 백로들이 보초를 선 가운데
터줏대감 멍텅구리 오리들이
갈밭 은밀한 곳에 짝짓기가 한창이다

오후 햇살이 따사로운 보리밭
얼핏 장꿩의 붉은 벼슬이 보이고
찔레 덤불 속 비비새 떼가
가랑잎처럼 날릴 때
전봇대 위의 집을 끝내 포기당한 까치는
미루나무에 삭정이를 물어 올린다

유완산 꼭대기로 해 넘어가고
어둠 내린 산 옆 논에
산개구리 울면

무수한 별들이 기다렸다는 듯이 뜨던 곳
아, 이제는 돌아가야 하리
두고 온 나의 정원으로

고향 선술집

언제부턴가 손골* 여시바우*에는
주둥이 쫑긋한 개여시*가 살아
깜깜한 밤 고개 넘던 아버지들
발뒤꿈치 물고 따라온다던
그 전설의 개여시가
바글바글 새끼를 칠 때면

부지런히 소들이 풀을 뜯는 동안
망루인 양 사방이 확 트인 여시바우에서
똘망똘망한 새끼 여시 닮은 장난꾸러기들이
어디서 백조 담배를 꼬나물고
벌써부터 화툿장 꽂을 맞추고
더러는 히히덕대며 해 저물도록 놀다가
법동개* 영감 깻밭* 노랑해진* 나뭇단은
욕지거리와 함께 사라졌다

지지배들은 개쑥* 뜯고, 나리꽃 꺾고
머슴애들은 해미당* 할매 논 담부랑* 밀어뜨려
뻔뻔스레 용심지* 떡 얻어먹고
숨바꼭질 한답시고 바위에서

미끄러지기도 했던 그 말썽꾸러기들이
이제 머리칼 희끗희끗한 백여시를 닮아
선술집 탁자에 둘러앉아 소주잔에, 무용담에
어느새 눈두덩이 빨개져 우는 것도 같은.

*손골 : 큰골, 못골, 야시골 등과 같이 좁다는 뜻의 골짜기 지명.
*여시바우 : 여우바위의 사투리.
*개여시 : 구미호와 비슷한 뜻.
*법동개 : 지명 · 마을 이름.
*깟밭 : 산판을 여기서는 그렇게 부름.
*노랑해진 : 노란색으로 물들어 말라가는.
*개쑥 : 산속에서 자라는 쑥, 일반 참쑥보다 떡을 해놓으면 찰지고 맛있었다.
*해미당 : 지명 · 마을 이름.
*담부랑 : 돌담장.
*용심지 : 백중날 한 해 풍년농사를 기원하는 벼논에서 지내는 일종의 고사 의식

만화책

방과 후 나른한 오후
까까머리 동갑내기 사촌형제는
박기당의 만화에서 고전을,
신동우의 만화에서 호연지기를,
산호의 만화에서 정의를,
엄희자의 만화에서 순정을
그날따라 만화방 주인은 출타 중이었고
같은 학교 후배인 그 집 딸이 가게를 지키고 있었다
정신없이 만화를 보던 우리는
보던 만화책을 몰래 교복 속에 감추고 나오다가
계산대 앞에서 그만 빠트리고 말았다
우리보다 그녀가 더 무참해 하는 것을 뒤로한 채
도망치듯이 나왔다
지금은 공부 잘하던 형은 소설가로
공부는 별로였던 동생은 시인으로
운명처럼 글을 쓰며 살아간다
당시 선생님들은 학업에 지장이 많다고
불량서적 정도로만 취급했던 만화책
어쩌면 두 형제의 글쓰기는 운명적이기 이전에
그때 그 여학생 앞에서 빠트린 만화책의 영향이
컸었는지도 모른다.

다시 보는 금병매

장년이 넘어 우연히
소싯적에 읽은 금병매를
요즘 세태의 잣대로 다시 본다
서문경과 반금련의
부정한 애정행각과
떡장수 남편의 사연인즉슨
찜질방에 누워 잠결에 엿들은
여인들의 수다 같은 것
한참도 더 지난 옛날 신문
사회면 기사 같은 것
요지경 속을 헤매인다
서문경도 반금련도
이제는 천연덕스럽다.

도깨비불 · 2

아주 오래된 이야기
그때 보고는 까맣게 잊어버린
무서워 몸서리칠지언정
내 유년의 손으로 꼭 잡아보고 싶었던
공동묘지 위를 날던 파란 혼불

둥구나무 아래서

둥구나무 아래서 아이들끼리
작대기 끝에 살짝 개미를 붙여
왔다리 갔다리를 시키고 논다
되돌아서 발발발 도망을 치면
반대쪽 끄트머리 손 바꿔 잡고
킥킥킥 웃어가며 애를 태운다
어리버리 더듬이 불쌍해지면
그때야 슬그머니 내려놓지요.

벽

벽이 웃었다
절이라고는 삼배밖에 해본 적이 없는
말 그대로 사이비 불자가
이래 봬도 까까머리 책가방 들고 다닐 적에
촉망받던 상좌승 출신이었다고
통영 도릿골 슬레이트 지붕 밑에서
우리 중 아저씨에게서 불도를 배웠노라고
천수심경쯤은 달달 외웠었다고
자랑처럼 노가리 풀고 다닌 적도 있었다
질곡의 삶을 살면서도 붓다를 잊지 않았고
오직 옴마니반매훔을 지상 최대의 진언이라 믿으며
아직도 마음속으로 늘 외우고 다니는
그러므로 언제든지 머리 깎을 준비가 된
영원한 상좌승이라고,
벽이 씨익 웃었다.

번외 게임

출발의 신호 탕! 하고 울렸다
백넘버 54번 엉거주춤 9번 레인
직선 길 지나고 곡선 길 접어들자
뒤처짐을 만회하기 위해 이를 앙다물었다
인코스에서 못 뛰는 것을 누굴 원망하랴
몇 바퀴나 돌았을까 드디어 골인
"저리 비키세요
당신은 번외입니다."
숨을 헐떡거리며
달려온 길을 되돌아본다.

역발상

어둠이 내리는 들녘
갑자기 비바람이 친다
풀밭에 매인 염소 한 마리
제 성깔에 깔딱 자지러지고
하염없이 연자방아를 돌린다
점점 옥죄어오는 목줄
더 이상 감길 줄도 없다
벌써 와야 할 주인은 나를 잊은 걸까
줄과 버팅기며 마지막으로 생각한다
이 잘난 뿔은 두어서 무엇 하나
그래,
차라리 이 뿔로 말뚝을 뽑자
꽉 박힌 말뚝에 장도리를 건다.

동반자

그는
언제나 나와 함께 있다
아침마다 걷기 운동을
헉헉대며 같이하기도 하는데
내가 일부러 빨리 걸어도
꿈쩍도 않고 따라온다
또 그의 성화에 못 이겨
할 수 없이 사랑하는 술도
즐겨 태우던 담배마저도
매정하게 끊어야만 했다
그러는 그가 한없이 밉다
죽이고 싶도록 밉다 그러나
어차피 같이 가야 할 운명이라면
그냥 체념하고 함께 살자
그는 내 잠자는 방
베갯머리에서부터
죽어 묻힐 무덤까지 따라올
영원한 나의 동반자
이름 한번 거룩한
소 갈 병.

연鳶

맞바구미에서 불어오던 갈바람이
된바람으로 바뀌어 쌀쌀해질 즈음
귀머거리 내 연은 춤쟁이 영감네 언 보리밭을 날아올랐다
그 옆으로 까치 덩저리만 한 연, 가오리연, 눈봉사, 치마당가리, 고리눈을 붙인 연이
더러는 위로 벌러덩 눕기도 하고 소나무 위로 싹싹 고리기도 했다
간당간당 뒷산 공제선까지 오른 내 연은 어느새 한 마리 솔개가 되고
그 밑으로 포롱포롱 콩새들이 멋모르고 떼지어 날았다
이것들 봐라!
나는 얼레로 오른쪽 엉덩짝에다 사정없이 탱금을 까먹였다
물속으로 자맥질하듯 콩새를 쫓아 지상으로 내리 숙였다
그 귀여운 것들을 신나게 쫓아 내지르기 시작할 양이면
감나무, 뽕나무, 돌배나무, 오동나무, 키 큰 버드나무까지 잘 넘고는
아뿔싸, 그만 덜거랑 포구나무에 딱 걸리고 말았다
언 손으로 얼레에 감긴 실을 감았다 풀었다를 반복하며
탱금을 아무리 먹여도 포구나무는 놓아 주지를 않았다
눈물을 찔끔찔끔 짜면서 집에 가서 간짓대를 가져와 봐도

소용없었다
토막난 꿈처럼 중도에서 끊긴
내 연은 깃발처럼 그곳에 몇 날을 그렇게 펄럭거렸다
지금은 연 띄우는 아이들은 볼 수 없는 세상으로 변했고
연이 걸렸던 그 포구나무에는
달그림자에 빈 까치집만 풍경화처럼 걸려
그때의 아이들을 그리워하고 있네.

낙조

산마루에서 소를 찾아 헤매다가
우연히 방아도에 빠진 낙조를 보았지
그때의 황홀함이란, 소를 찾는 것도 잠시 잊고
멍하니 바라다보고 있던 소년
가시내들과 어기여차 뱃놀이를 했고
놋가락 끝에 하얗게 시거리가 일던
그해 여름밤은 참으로 즐거웠지
선창가 집어등 불빛 아래 그물을 깁던 어부는
자식 월사금 낼 걱정하던 우리 아버지들이었고
가난에 신물 난 우리들은 계획도 없이
더러는 부산으로 서울로 반봇짐을 쌌었다
이런 아련한 추억들을 아는지 모르는지
어느새 겨울 해는 서좌리 쪽으로 기울었고
시거리 일던 그 바다에 홍돔 떼가
금비늘을 마구 뿌려대고 있었다
아, 노을은 그때나 지금이나 변함이 없고
언덕배기에 턱 고이고 앉아
동무들 얼굴은 어릴 적 그대로인데
나만 혼자 늙어가고 있다며
중년의 남자가 주책을 바가지로 떨고 있는
어떤 날의 오후.

행복의 문

내 이웃의 불행은
나의 행복과는 무관한 것인가
그들의 불행을 외면할 수 있다면
진정 행복에도 문이 있는가
그 문은 인간의 마음속에만 존재하고
누구나 열고 들어갈 수는 있는가

비바람 치는 날 우연히도 보았네
추녀 밑으로 날아든 작은 새들이
젖은 깃털을 서로 부벼 주는 것을
아! 정녕 행복의 문은
존재의 가치를 알고
서로를 긍휼히 여길 줄 아는
저 작은 새의
마음속에도 있다는 것을…

욕 심

어느 날 짚불에 굽는 고기보다
석쇠에 굽는 고기가 더 맛있어 보여
그것들을 생각 없이 주워 먹다보니
급기야 체하고 말았다
뭐니 뭐니 해도 나의 처지를
충분히 고려치 않은 탓이 크다
목구멍에 두 손가락을 찔러 넣으니
욕심이 쏟아져 나온다
내일은
오래토록 묵혀두었던 배낭을 챙겨
언제나 변함없는 산방산에 올라
폐사지 대덕사 산죽 잎에 이는 바람 마시고
정상에 오도카니 앉아
구름처럼 떠 있는 섬들을 바라보며
머릿속까지 하얗게 비워야겠다.

잊혀진 무덤

우연이었을까
필연이었을까
산길 따라오다
잡풀 속에 버려진
묵은 봉분 하나
희미한 기억 떠올리며
술 한 잔 따루었다
그래, 그랬었지!
들채에 주검 싣고
손골산 모퉁이 돌면서
서투른 상두꾼들 발맞추는 소리가
"돌아와요 부산항에" 였지…

도장나무 한 그루가
그를 지키고 있었다.

*시작노트 : 삼십여 년 전 우리 동네에 세 들어 살다가 죽은 떠돌이 식이라는 사람을, 아무 연고자도 없고 불쌍하여 마을 청년들이 곽 하나 사서 장사 지내 주었다. 상여를 매어보지 못했던 햇병아리 상두꾼들이라 발맞추기가 쉽지 않았다. 우연히 영택이 형님과 조름산에 있는 밭을 둘러보고 오다가, 마침 가지고 간 술이 있어 한 잔 붓고 그때를 회상했다.

도라지꽃

괜시리 부끄러워
산골짝에 숨었나
소쩍새 우는 밤
이슬 받아 머금고는
아침 햇살 더불어
찬란히 피어나서
봄비에 얼굴 간지러워
다소곳이 꽃잎 오므리던
존재의 의미만큼
형식은 중요하지 않았다
모습은 별을 닮았지만
향기가 더덕만 못하다고
나물 바구니가 외면을 해도
서운해 하는 기척이라곤
어디고 찾아볼 수 없는
저 백치 같은 꽃을 보았소.

농부와 소

훌정이로 힘들게 돌밭을 갈았다
워~워~ 잠시 소를 쉬게 하고는
밭두렁에 나앉아 담배를 꺼내 물었다
소는 눈을 지그시 감고 새김질을 시작했고
농부는 담배 연기를 뿜어 구름에다 보탰다
소는 땅을 보고 있었지만
농부는 하늘을 보고 있었다.

둥구나무 까마귀

해질녘 까마귀 한 마리
온종일 싸돌아 주전부리한 후
홀로 찾아 깃든 둥구나무에는
반겨주는 이 하나 없고
검정 오바 입고 꼭대기에 근엄하게 앉아
간 떨어지게 한 번씩 울어 제끼던
오싹한 그 울음소린 어딜 가고
어째 오늘은 목구멍 가래 끓는 소리로
연신 중얼거리고만 있다
평소 썩은 고깃덩이에 유달리 집착하여
베풀 줄도 더불어 어울릴 줄도 모르던 그가
모두 떠난 둥구나무 쓸쓸한 어둠 앞에
회한의 속울음을 울고 있는지도 모른다.

자 유

— 이불을 널면서

겨우내 긴 밤을 보듬어 주다가
종일 널브러져 방바닥 열을 재다가
표정 없는 장롱 속에 말없이 갇혔다가
미닫이 밖 햇살 좋은 날
아! 모처럼의 자유

할머니의 옛날이야기

문풍지 울던 겨울밤
등잔불 앞에 놓고
할머니! 할머니!
옛날 얘기 해주세요
그래 오늘은 무슨 얘기 해줄까?
'꼬랑지 닷 발 주둥이 닷 발 새' 얘기요
아니요, '꼬부랑 할매' 얘기 해주세요
오냐 내 강아지들아!

옛~날 옛날에~
이때부터는 모두 합창으로
홍시 말전에~
나발 뒷전에~
송곳 끝전에~
호랑이가 담배 피던 시절에~~

할머니가 잠시 뜸을 들이며
등잔불 홰를 치는 사이
우리는 이불을 덮고 누웠다

깊은 산골마을에
꼬부랑 할매가 살았는데
꼬부랑고개 너머 사는 딸네 집에
함지박 가득 떡을 해서 이고는
꼬부랑 작대기를 짚고
꼬부라앙 꼬부라앙
넘어가고 있었단다
중간쯤 가다가 힘들어서
잠시 함지박을 내려놓고 쉬는데
난데없이 꼬부랑 개 한 마리가 나타나서
떡을 먹으려 하지 않았겠니
그러자 꼬부랑 할매가
꼬부랑 작대기로
그 꼬부랑 개를 예끼!
때려줬지 뭐야
그러자 꼬부랑 개가
꼬부랑 깽 깽 꼬부랑 깽 깽
하고 도망을 갔단다
……
……
얘들아 자니?…

호박 넝쿨

장맛비 그친 오후
한층 짙푸르진 남새밭
꽃뱀들이 혀를 날름대며
머리를 꼿꼿이 세운다

어찌나 그 기세가 당당한지
호미 들고 얼른 쫓아가 보니
어라, 그 사이 이랑마다
올망졸망한 저 알들을 좀 보게

웃음꽃밭 뒤로하고
천방지방 도망을 친다
돌담장에 발 걸치고
넋을 놓고 보고 섰다.

청보리

졸리운 오후
봄볕에 청보리 여물고
멀리 산꿩이 홰를 친다

어젯밤 초승달은
보리밭에서 일어난 일을
끝내 알지 못했다.

나의 노래

어설픈 나의 노래는
음표만 있고
쉼표와 도돌이표는 없다
주어진 시간만큼
부를 수밖에 없는 이 노래는
시련도, 좌절도
비할 데 없는 고통도
박자 세며 즐기리라
마지막 노래가
끝날 때까지

정체성正體性

뒤늦은 존재의 의미
스스로 정한 도덕의 경계에
홀로 족쇄를 채우고
끝내 포기하지 못한 삶과
사회적 형식의 올가미들을
어느 날 홀연히 벗어던지고
오직 원초적 본능으로
저 초원을 향해 달려가는
한 마리 사슴.

홀로 산다는 것

세상에서 제일 간단한
밥상을 차려놓고
습관적으로 텔레비전을 켠다
텔레비전 속에서도 독거노인 한 분이
마침 저녁상을 준비 중이다
청승맞게도 숟가락으로 밥을 푼다
나처럼 설거지 하나 줄일 생각일까
밥 색깔이 노랗다
내가 먹는 밥 색깔과 비슷하다
노인은 잊혀져간 사람들과
토막 난 추억들을 정리하고
나는 불현듯 시를 생각하고
그리고 말없이 말없이
외로움을 떠먹는다.

요즘 내가 생각하는 것은

언덕으로 난 길 양옆으로
미끈한 배롱나무 두 그루를 생각하고
숲이 무성한 그 언덕에 달맞이꽃이
아, 촉촉이 이슬 맺힌 달맞이꽃이 떨고 있다
나는 배곯은 한 마리 야행성 말벌이 되어
그 꽃잎 속으로 주둥이 디밀고 꿀을 훔쳐 먹는
뻔뻔한 생각 따위를 하게 된다

서녘의 하현달이 오늘따라 야하게 웃고 있다.

제3부 조각배에 사랑을 싣고

봄이 오면

정아! 정녕 너는
어디쯤 오고 있는가
오매불망 꿈꾸어 오던
우리 할아버지 수대동이* 두들겨
산도야지 쫓았다던
그 산골짝 뙈기밭에 초막을 짓고
무굼텍* 산 옆 논 무당개구리 배 뒤집을 때
나뭇지게 가득히 땔나무를 지고 오면
너는 된장국에 보글보글 밥물이 넘어
아! 넌지시 바라만 봐도 서로 정이 넘쳐나고
별이 흐르는 오붓한 밤
뒷마당엔 우우 솔바람 소리
콩고물 같은 송홧가루 댓돌 위에 쌓이고
접동새 울음 이불 속까지 파고들면
정아! 정아! 니캉 내캉은……

*수대동이 : 양철동이.
*무굼텍 : 찬물 샘이 있는 후미진 곳.

밀장국

다듬잇방망이로 쓱쓱 밀어서
오순도순 끓여 먹던 추억의 밀장국

평상 위 도랑사구에는 미꾸라지가 살고
그것을 미끈미끈 손으로 건져먹던 철부지 시절,

어제는 소꿉놀이하던 계집아이가
벌써 며느리를 본다는 소식이 들려오고

흙반죽으로 밀장국 흉내를 내던 그 계집아이들은
이제는 봄비에 후줄그레해진 접동백 신세겠지

제까짓 것들도 세월 앞에선 별수야 있었겠냐마는
오늘 따라 미끈미끈 그 밀장국이 먹고 싶다.

*밀장국 : 칼국수의 경상도 사투리로 밀가루로 반죽을 하여 미꾸라지만 하게 잘게 썰어서 끓여 먹었다.

가을밤 풀벌레 소리에

이슬 내린 풀숲에서 넌 울었지
내방 창틈에서도 간혹 울었지
또르르 또르르
순결한 영혼의 소리
네가 별과 하나 되기 위해
저 밤하늘에 구애하는 줄도 모르고
나를 더욱 고독해지라고 우는 줄 알았어
너의 애절한 울음에 별들이 내려오고
그 별 다시 풀벌레가 되고
깊어가는 가을
별빛보다 풀벌레 소리가 더 밝은 밤
그리운 사람에게
편지라도 쓰고 싶은
아, 가을밤이다

보리밭

처음부터 화두는 그대로였고
회의는 밤늦도록 계속되었다
저 놈의 달이 왜 구름 속을 헤집고 다니나 하는 거였다
보리밭에선 고루한 토의가 계속되었고
근처 바람개비를 돌리며 뛰노는 아이들의 왁자한 소리
바람은 쏴아 하고 불었고 보리들이 일제히 물결쳤다

여전히 영문도 모르는 달은 구름 속을 헤집었고
누군가 긴급 동의안이라고 내어봤자
정식 의안으로 채택되기는커녕
아이들만 신바람이 나서 바람개비를 돌려댔다
토론은 격렬해졌고 회의는 정회와 속개를 거듭한 끝에
결국 결론 없이 무산되고 말았다

그날 이후 그 회의에 대해서는
이상하게 아무도 기억조차 하지 않았으며
까마득한 그 들녘에서는 풋보리가
누렇게 익어가고 있었지, 아마

판데목

—마이웨이카페 창가에서

부슬비 오는 밤
우리 판데목에 가자
여울 따라 가로등은
꼬리 달린 별이 되고
색소폰이 울던 창가
외로운 여인아

부슬비 오는 밤
우리 판데목에 가자
정박등 불빛 따라
내 마음도 흔들리던
색소폰이 울던 창가
그곳에 가자

나그네

강원도 영월 땅
별이 뜨는 동강에
내리천 굽이돌아
찾아든 나그네
함지박 인 여인 보고
기다려주오! 기다려주오!
기약 없는 말만 하네
청령포 너럭바위
백로처럼 대답 없고
어느 날 방랑생활 청산하고
불쑥 박달재 넘겼다며
떠나온 나그네

*영월 문학기행에서

동강 연서

무심한 강물은 흘러갔지만
너와 나 기슭에 초막을 치고
밤이면 별을 쪼는 원앙이 되자

*영월 문학기행에서

불효자

아침 문안을 가면 굽은 허리로
고봉밥을 기어이 담아 주시던 당신
대 뿌리처럼 불거져 나온 등을 내가 만지며
옴마, 요즘 누가 고봉밥을 먹느냐고 되레 핀잔을 주면
아범 너 한창때는 이보다 더 큰 보시기에 머슴밥을 먹지 않았느냔다
밥상 앞에 놓고 이런저런 살아가는 이야기 나누다가
얼른 가지 않고 되맞은 파리 모양 돌고 있는 미혹한 자식 보고
혀를 쯧쯧 차시며 '쓰고 후제 갚아라.'
저승 갈 때 입고 갈 옷 보따리 속의 그 돈
나는 그 돈을 결국 갚지 못했습니다
당신은 정해년 구월 스무여드렛 날
자식 무릎 위에서의 작별을 끝내 거부하시고
내화강에 반야용선이 떴다며 부랴부랴 길 떠났습니다
이 세상 모든 미련을 훌훌 털어버리고 떠나갔습니다
애틋한 정만 남겨둔 채 훌쩍 떠나가시면 이제 이 자식은 어찌합니까?
당신이 손수 담아주시던 그 고봉밥이 그립습니다
불효자는 회한에 바보천치처럼 웁니다.

아버지와 폐염전

빗물 고인 소금밭 물웅덩이
기관방에 신기한 차 엔진
크랭크를 정수리에 꽂고 힘차게 돌리면
물자리에 물이 왈칵 쏟아졌다.
와!
바다를 향해 쉴새없이 뿜어내던 하얀 포말
쪼그리고 앉아서 상상의 나래를 펼 쯤
어느새 밑바닥을 드러낸 수로에서
아버지는 거릿대로 뱀장어 한 마리 걸어 올렸다.

공구통 펜치로 주둥이를 물려
"자, 두 손으로 꽉 잡고 엄마한테 구워 달래라!"
뱀처럼 꿈틀대는 그놈을
손아귀보다 어금니에다 더 힘을 주었다.
집에 와서 세짜내기 소리로 늘어놓은 무용담
저녁밥 다 먹도록 아버지는 오지 않았고
기다리다 깜빡 잠이 들었다.

까칠까칠 수염 침에 눈을 떠보니
내 풋고추를 안주인 양 따고 있었다.

아, 세월은 가고 흔적뿐인 폐염전에
유년의 추억이 고스란히도 남아
일찍 떠나간 아버지에 대한 원망과
어설프게 잃어버린 젊음 바친 터전과
이런저런 생각에 오늘도
돌팔매에 절며 절며 쫓겨 가는 강아지처럼
삶을 뒤돌아보곤 한다.

풀빵에 대한 단상

포장마차 빵 굽는 것을
멀찍이서 쳐다본다
옛날 숙모님 생각에 잠긴다
아득한 유년의 사진첩에
집게손가락 벌리고 살금살금
골목길 돌담장 따라 잠자리 잡고 노는데
진남* 물에서 오는 객선 뱃고동 소리 길게 나고
오리 길을 걸어 오신 숙모님은
내 머리를 쓰다듬으시며
이고 온 장거리 속에서 풀빵 한 개 꺼내주셨다

얼마나 달고 맛있었으면
'잘 먹겠습니다' 인사까지 까먹었다
소년으로 되돌아간 중년의 사내는
가슴 두근거리며 기어이
'아줌마 3천 원어치만 싸주세요!'
이것을 집에 들고 가면 분명,

아들놈은 촌스럽게 웬 풀빵이냐며
차라리 피자 한판 사오시지 할 것이다

아! 이 철지난 음식은 나만 사랑하는 걸까

에라이!…
체면이고 뭐고 한입 베어 우물거리면
잠자리 잡던 그 골목길
앳띤 소년 하나가
빙그레 웃고 섰다.

*진남 : 옛날 경남 통영시.

되창문

되창문*에 붙은 작은 유리창
천진한 눈망울들이 번갈아 망을 본다
방 안에서는 어른들이 싫어하는 일이 벌어지고
마루 위로 강아지들은 흙발로 달음박질이다
우리를 탈출한 닭들은 장독대 옆 화단을 점령하고
붉은 볏을 세운 장닭은 시도 때도 없이 기상나팔을 분다
도가지 속 찌걱 술 손가락 달게 빤 막내는
끝내 널브러진 이부자리 위에 잠이 들었다
저녁 해거름, 흰 수건 쓴 어머니 밭에서 돌아오시고
그 수건 벗자마자 축담에 호미를 내팽개친다
꼬리치는 어미 개 젖꼭지 밑으로 잽싸게 숨는 강아지들
닭들은 뒤뚱거리며 뒤집대*로 도망을 쳤고
우리들은 아무 짓도 안한 것처럼 되창문을 열었다
억지웃음, 쳐다보는 얼굴, 다 불그레한 노을빛이다.

＊되창문 : 뙤창문의 방언.
＊뒤집대 : 집 뒤라는 뜻의 거제도 방언.

꿈속의 어머니

어젯밤 꿈에
자식이 어떻게 사나 하고
그 먼 곳에서 어머님이 오셨다

정들었던 집 팔고 전셋집 얻어 간
막내아들이 궁금해서 오신 걸 거다
이 추운 날 감기라도 걸리시면 어쩌시려고,

우리 살던 집보다 우풍*이 세다며
아직 세근 없는 손자의 볼멘소리를
민망하게도 들으셨는가 보다

오늘은 지팡이도 유모차도 두고
두 손으로 무릎 잡고 급히 오셨다
후여~ 한숨 쉬고 허리부터 펴신다.

*우풍 : 외풍의 경상도 방언.

끌밭 매는 어머니

오뉴월 땡볕 끌밭
언제나처럼 굽은 등을 하고
하필 이렇게도 더운 날
어머님이 혼자서 김을 매고 계신다
나를 보더니 반갑게 손짓하며
이리 와서 같이 매자고 한다
그러나 이제는 다가갈 수 없는 곳

옥수수 잎은 태양에 바래이고
콩잎은 땅을 향해 늘어진다
평소 십부다 십부다 하면서도
수건 하나 둘러쓰고
청상에 떠나보낸 야속한사람 향한
넋두리를 자작한 판소리 한 마당을
청승맞은 산비둘기가
추임새 넣듯 따라 운다

올해도 간난아기 젖니 같은
깨꽃이 환하게 피었다
그 순백이 너무나 서러워
허공에다 가만히
어머니! 하고 불러 본다.

고무줄 장사

통영 강구안에 오일장이 서던 날
그 사람은 장사꾼이라기보다는
차라리 동냥 다니는 거지에 더 가까웠다
장대 끝에 몇 가닥의 고무줄을 매달고
상여 앞에서 만장을 매고 가듯
강구안 뱃머리를 하루 종일 오갔다
소리쳐 사라는 말은 못하고
스치는 사람들과 까만 눈빛만 마주쳤다
애달픈 삶 그 사람의 뒷모습에서
울컥, 돌아가신 아버지를 보았고
어린 마음에 저 고무줄장사 같이라도
울 아버지가 살아 있었으면 좋겠다고
전봇대 뒤에 숨어서 보고 있었다.

문산 형님

모습이 꼭 중국의 등소평을 닮은 문산에 사는 점수 형님은

집안의 항렬자가 나와 같다

오 척 단구에 얼굴에는 수두 자국인지 마마 자국인지 분간하기 어렵고

문교부 혜택이라고는 초등학교가 전부다

일찍이 천자문부터 사서삼경을 곰팡내 나는 구석방에서 주경야독하여

그 명석함에 어른들도 놀라워했다

작금에는 진주, 문산 쪽에서는 꽤 알아주는 한학자시고

술좌석에서 대학교수들도 그의 박식함에 진땀을 흘릴 정도다

고사성어 사자성어 막힘이 없어 내가 한 수 배워 볼 요량으로

옆으로 배밀이해 다가가면 어라, 어어라 손 내어 저었다

문중의 대소사에 빠진 적 없고

자식들에게는 무서운 호랑이 아버지로 통했다

'이노무 자슥들 일 년 중 단 하루라도 조상 위해 몸 빼라'고 일갈했고

전형적인 경상도 보리문둥이에다 고함쟁이 영감,

그러던 형님의 얼굴에도 어쩔 수 없는 세월의 물고랑이

생겨
수두 자국인지 마마 자국인지 판별이 더욱 모호해졌다
기축년 윤오월 퇴행성관절염으로 불편한 다리를 이끌고
임진왜란 때 거제현령으로 재직하시다가, 계사년 진주성 싸움에
참여하시어 악전고투, 동문을 끝까지 사수하다 35세에 전사하신
〈증 형조판서 및 의금부지사 '김준민' 입향조 할아버지 가묘 조성사업〉을
숭조정신만은 그 누구에게도 뒤질세라
옆구리에 패철 차고 혼신의 힘 다하셨다
김해김씨 삼현파 어구문중 가을 시제 올리는 날
일가친척 보는 데서 업어라도 주고지고.

옹달샘

망개 이파리 오므려
갈증 풀던 옹달샘
떡갈나무 숲 파란 하늘
높게 정지한 솔개 한 마리
뒤에서 눈 가리는 손 하나
나리꽃 냄새,
'누구~게!'
앳된 목소리
목을 간질이는 갈래머리
눈 감고도 훤한 얼굴,
저만치 풀을 뜯으며
소들이 지나가고
그 뒤를 동무들이
송기를 훑으며 뒤따른다
아, 그 옹달샘
나와 누이와의
먼먼 그리움

가슴앓이

마지막 정열을 태워
장작불로 무쇠솥을 달굴
뜨거운 사랑을 원합니다
해 바뀐 거리엔 눈발조차 흩날리고
선뜻 오지 않을 널 기다리며
마음속에 눈을 쓴다
아슴아슴 세월이 쓸려 가고
아 아 가슴앓이 가슴앓이
대답 없는 너를 생각하며
오늘밤도 서투른 문자를 찍는다
"정아! 니캉 내캉 살자."

난蘭

척박한 땅
자양분이 없으면 어떠냐고
비바람쯤은 무슨 대수냐고
그냥 기댈 바위 하나면 족하지.

아 너무나 반듯한,
아무나 범접치 못할 것 같은
지고지순한 꽃이여!
여들없는 달은
넋 놓고 바라볼 뿐

그래, 야무진 꽃아
이 어둔 밤을 걷어 갈
새벽이 밝아오면
이슬 함초롬히 웃어 주기를
아침 햇살은 또 얼마나
보채 것인가.

들어줄 수 없는 부탁

아부지! 부탁이 있어요
우리 다른 집으로 이사 가서 살면 안돼요
5층까지 오르기가 너무 힘들어서요

아들아, 너그들 요즘 운동 부족인기라
그래서 내가 일부러 맨 꼭대기 층 얻은 것 아니냐
너 누나 봐라 요즘 종아리 튼튼해졌다고
어제 아부지한테 자랑하더라

어차피 전세 살꺼면요
엘리베이터 팡팡 올라가는 아파트도
쌔고 쌨다던데요 아부지!
……

그날 이후

요즘 부쩍
꿈을 자주 꾼다
꿈결에 뒤척이다
내가 내 혀를 깨물었다
놀라 잠에서 깨어
거울 앞에 바보처럼 혀를 빼문다
선홍빛 액체가 고독처럼 번지고
올 사람도 기다리는 사람도 없는데
문 쪽으로 자꾸만 시선이 간다
어느새 혼자 자는데 익숙해진 나,
두꺼워진 이불만큼이나
창가에 달빛이 포근하기만 하다.

오동잎 지는 밤

오동잎 떨어지니 가을이 깊어가네
허전한 내 마음도 오동잎 때문일까
꼭 한번 만나고 싶었던
옛사랑이 떠오른다.

창밖에 귀뚜라미 누굴 위해 우는 걸까
달 비낀 외기러기 짝을 찾아 날아가네
머리엔 서리 내리고
홀로 뜰을 거닌다.

오동잎 귀뚜라미 달 비낀 외기러기
외롭기는 마찬가지 나 또한 짝이 없네
옛사랑 그리워하며
베갯잇만 적신다.

형광등이 내려다보는 공간

형광등이 내려다보는 공간에는
행거에 빨래들이 빽빽이 널려 있다
낡은 와이셔츠를 시작으로
딸애의 빨간 스웨터
길어서 뱉줌한 아들놈 청바지
수건양말팬티러닝브래지어는
부끄럽다며 바짝바짝 붙어 있다

형광등이 내려다보는 공간에는
몇 번의 이사로 귀퉁이가 터진
큼지막한 소파가 엎드려 있다
그래도 푹신하기만 하다
일과를 끝낸 낡은 와이셔츠, 빨간 스웨터,
뱉줌한 청바지가 사정없이 깔고 뭉개도
싫다는 내색 한 번 하지 않는다

오늘같이 추운 날이면
행거 보고 비좁다며 베란다로 나가라고도
곰탱이 소파는 괜히 자리만 많이 차지한다고도
형광등이 내려다보는 공간에는
서로의 배려 속에 미소 짓게 하는
끈끈한 정이 늘 함께한다.

들국화

오빠와 소 먹이며 들길 걸어요
풀꽃 향기 맡으며 행복했어요
늦가을 짧은 해가 서산에 질 때
찬바람 해롭다며 먼저 가래요
그러는 오빠 마음 진즉 알지만

토라져 방문 걸고 누워 있는데
어서 와 늦었구나 엄마 목소리
빼꼼이 문틈으로 내다보았죠
소 몰고 들어오는 오빠 품에는
한 아름 들국화가 웃고 있었죠

그러던 우리 오빠 군대 갔어요
군사우편 찍혀온 겉봉투 보고
가만히 오빠 생각 눈물집니다
추억을 떠올리는 편지 속에는
고향의 들국화가 피어 있었죠.

애기장터

동네 산 소바탕에 소 쫓아 놓고
재모가지 공터에서 해 지도록 놀았다
동무들은 소를 찾아 집으로 가는데
허덕구*인 우리 소만 보이질 않았다

신작로와 여시바우*를 몇 번을 오르내려
조름산 밑 나락 논을 반치나 조진 소를
어두워진 밭 샛길 혼자 끌고 오는데
때맞춰 부슬비가 부슬부슬 내렸다

대낮에도 무섭던 애기장터에서
머리가 쭈뼛 서는 갓난아기 울음소리
장배*로 소잔등을 죽어라 때렸고
모둠발로 뛰는 소와 정신없이 달렸다

울며 들어오는 나를 본 어린 누이가
"오빠야! 임매*한테 물렸나?"
다정스럽게도 물었다.

*허덕구 : 풀(밥)을 허덕허덕 먹는 소.
*여시바우 : 여우바위의 방언.
*장배 : 소꼬삐의 경상도 방언.
*임매 : 소의 울음소리인 음매의 방언(여기서는 소를 일컬음).

부 부

그대는
엇어시오*
나는야 데리리다*

노 끝 따라
시거리*가
밤바다에 춤을 춘다

애틋한
인생의 유희
그 언제 적 뱃놀이

*엇고, 데리다 : 노를 저을 때 앞으로 당기고 미는 것을 말함.
*시거리 : 야광충.

어버이날의 소회

나는 이제
일 베리고 찾아갈 부모 없어 좋고
다문 카네이션 꽃 값 몇천 원 아껴서 좋고
"아범 오늘 식당 안 바뿌더나"
그 말 안 들어서 참 좋다

그런데
구부정하게 가슴에 꽃 달고
경로당 가는 노인들을 바라보며
행여, 행여나 하다가
주책없는 눈물은 왜 자꾸 나노
눈에 티 든 체하고 비비고 섰는데
얼핏 흰 저고리 입고 어머니가
언제 적 내가 달아 준 그 꽃을 매만지며
어머니가 저기 간다.

벌 초

선산 지킬 자식인 줄
미리 예견하셨던지
열 살도 채 안 된 막내아들
꼬마지게 지우고는
이럴 때는 이렇게 하고
요럴 때는 조심하고
아버지의 나무꾼 수업
돌무더기 표지석 손으로 가리키며
여기서부터 저어기까지가
우리 깟밭이다 하시던
산그늘 따라 집으로 오던 길목
그곳에 당신은 야속하게 묻히시고
팔월 폭염
어느새 중년이 된 꼬마 나무꾼은
지게 대신 예초기 지고
올해도 당신 잠든 묏등 가를
땀으로 돕니다.

나의 시

이 밤 나는 고뇌한다
고뇌를 거듭한 끝에
부끄러운 시 같지 않은 나의 시들을
달빛 가득한 뜰에다 모두 버려 버렸다
그런데 버려진 그 시를
하얀 달빛이 진지하게 보고 있지 않은가
얼른 다시 주우려 가보니
나보다 먼저 우리 집 개 번잡이가
시 같지 않은 나의 시에 오줌을 지리고 있었다
아, 어차피 나의 못난 시는
애시당초 쓰지 말았어야 했었다.

■

발문

기억 저편의 원형적 공간에서 건져 올린 반성적 사유

김인배 (소설가, 창신대학 문창과 외래교수)

1

누구나 마음속에 자기만의 고향이 있다. 그 고향은 저마다 태어난 장소로서의 원형적 공간이라는 단순한 의미가 아니다. 그곳의 환경적 상황이나 풍경과 관련하여 자신의 유년 시절의 특징을 형성케 되는 공간이다. 특히 시인에게는 유년의 꿈과 영혼의 성장을 이루는 그 원형적 공간의 영향이 지대하다. 그것은 마침내 한 인격체의 소중한 질료質料로 작용하는 요소이자, 추체험을 통해 시詩 속에 생생하게 재현된 이미지로서의 고향이기도 하다.

그런 점에서 호산滸山 김현길 역시 유년의 고향 체험을 누구보다 잘 간직한 시인이다. 그의 시에 자주 등장하는 유년의 고향은

추체험의 형식을 통해 기억 속에서 재생한 미적 공간을 명징하게 환기시킨다.

2007년도에 간행한 김 시인의 첫 시집 《홍포 예찬》도 고향인 거제도의 이미지와 유년의 추억이 맞물려 그의 시작 활동의 출발점으로 자리매김하고 있다. 뿐만 아니라, 이번 제2시집의 경우에도 상당량 유년의 추억과 고향 체험은 그의 시세계의 전체 구조나 변모 과정에서 매우 중요한 의미망을 형성한다.

아득한 어린 시절, 마음속 깊이 각인刻印된 그 아스라한 기억의 저편에서 건져 올린 추억의 편린片鱗들을 쉽게 접할 수 있게 되는 그의 시들은 동시대에 살았던 사람들로부터의 공감은 물론, 일견 무의미한 듯한 일상의 내부에 깃들인 존재의 비의秘義까지 감득感得케 해주기에 충분하다.

김현길이 제2시집의 상재上梓를 준비하며 어느 날 내게 그 발문跋文을 요청해 왔다. 나는 대학에서 사제 간으로 만난 그와의 첫 인연에서 시작하여 이후까지 여전히 변함없이 지속된 깊은 정 때문에, 시인이 아닌 입장임에도 불구하고 기꺼이 응하였다.

6·25전란 이후 누구나 한결같이 빈궁했던 그 시절, 김 시인은 고향인 거제 둔덕의 해안가 기슭에서 유년기를 보내며 동무들과 거림리 우두봉 중턱에 있는 피왕성避王城에 자주 올랐다고 했다. 폐허로 변한 그 산성을 놀이터 삼아 배고픔도 잊고 바다를 향해 꿈을 키우던 때도 있었다고 했다.

나는 그런 이야기들을 전해 들은 바도 있고 해서, 그때를 연상하며 떠올린 호산滸山이란 아호雅號를 내가 그에게 붙여준 저간의 사정을 헤아린 것도 기꺼이 이 발문을 쓰게 된 이유의 하나였다. 따라서 이 글이 본격적인 작품 해설이나 평가가 아닌, 출판 기념의 발문이기에 하등 마다할 이유가 없었던 것이다.

2

김 시인이 보내온 초고草稿를 독파한 뒤, 나는 이번에 발간하는 그의 제2시집을 크게 다섯 가지 특징을 지닌 것으로 보았다.

첫째는, 그의 시가 여기서도 상당량 유년기의 고향 체험을 노래하고 있다는 점이었다. 그러나 첫 시집과는 달리, 한결 능숙한 기교를 구사하고 있다. 겉으로는 흔히 보는 고향 주변의 보리밭이며, 연鳶 날리기 하던 추억이며, 집 앞 둔덕천屯德川과 그 냇가 나뭇가지에 앉은 물총새며, 거제 계룡산이며, 눈앞의 섬과 바다를 이야기하면서도, 짐짓 시치미를 뚝 뗀 채 그와 같은 사물들에 빗대어 우의적寓意的 수법으로 인생의 의미를 추구하는 표현의 세련됨이 예전에 비해 훨씬 진일보해 있었다.

다시 말하면, 그의 눈은 이처럼 일상 속에서 자주 만나는 주변의 자연 사물들과 현실을 응시하는 한편, 일상의 타성이나 고정관념에 젖어 예사로 보아 넘기는 까닭에 좀처럼 정체를 드러내지 않고 가려진 본질의 세계를 탐구한다.

김현길은 그런 본질의 세계에 닿기 위한 노력의 일환으로 친근한 주변 자연을 대상으로 삼되, 사물에 밀착한 언어인 고향의 방언까지 불러내옴으로써 기억을 통한 존재의 성찰을 두루 보여

주는 시인이다. 즉, 그의 시가 보여주는 일상의 사물이나 눈앞의 현실들은 시인이 표현하고자 하는 더 깊고 내밀한 세계에 대한 깨달음을 시사示唆할 의도로 제시되는 풍경들이기도 하다.

둘째는, 일종의 역사기행歷史紀行 시들이 상당수 눈에 띈다. 그는 역사적 인물과 관련된 유적지의 기행을 통해 소재 영역의 확대와 함께 새로운 방향의 시적 탐구를 시도하고 있다.

시간의 흐름 속에서 사물의 풍경과 내면의 정서를 절묘하게 결합하여 과거와 현재를 관통하는 시대정신을 꿰뚫어 보려는 태도를 취한다. 시대적 상황에 내몰려 역사의 뒤안길로 사라졌던 인물들, 혹은 그들의 유배지나 피신처, 그들과 관련된 전설이나 비석碑石에 이르기까지 모두 시인의 관심사가 된다. 옛사람은 가고, 남아 있는 구체적 사물이나 풍경에서 촉발觸發된 어떤 감각이 생의 비의秘義를 일깨우는 시인의 상상력이 여기서 빛을 발한다. 역사적 현장을 찾아 느낀 정서를 다룬 시편들이 때로는 남성적 기백의 웅장한 상상력을 보여주는 한편으로, 무상한 세월 앞에서 모든 것이 언젠가는 덧없이 소멸되는 자연의 섭리와 함께하는 감회를 노래하는 이 시편들은 낭만적 사색을 통해 이루어진 비애의 애잔한 기록이다.

이와 같은 일종의 역사 기행시가 갖는 의미는 시인으로 하여금 그 역사의 흔적을 증언하고, 묻혀버린 진실에 대한 그리움과 애틋한 정서를 환기시켜, 오늘을 사는 우리들에게 시대의 형극荊棘을 헤치고 되살려야만 하는 인간의 끈질긴 소망에 눈뜨게 하는 힘으로 기능한다.

셋째는, 김현길 시인이 가진 낭만적 기질이다. 그는 낭만적 사색과 함께 풍류를 즐길 줄 아는 시인이며, 낭만성은 그의 시를 이끄는 원동력 중 하나이다. 주지하다시피, 낭만성은 현실보다는 이상을, 이성보다는 감정을 강조한다. 그러기에 세상사 돌아가는 이치를 이성적으로 인식하기보다 오히려 정서적이고 이상적으로 파악하려는 낭만성은 김 시인의 시가 온유하고 애상적인 여성적 감수성을 거느리게 되는 근본 원인이다.

이번 그의 시집에서 낭만적 사색은 주로 '사랑'을 읊은 시에 나타난다. 그의 사랑에 관한 시에 담긴 서사敍事는 대체로 서럽고 애달프다. 그것은 사랑의 성취에서 오는 기쁜 마음의 형상화가 아니라, 도리어 사랑을 상실한 자의 후일담적 성격이 강하기 때문이다.

김현길 시에 나타나는 상실의식의 근저根底에는 실연의 애틋한 체험이 연관되어 있다. 이뤄지기 힘든 첫사랑만큼이나 쉽게 잊히지 않는 옛사랑에의 그리움, 어른이 되어서도 소멸하지 않고 세월의 풍화작용을 묵묵히 감당하며 되살아나는 끈질긴 소망처럼 아련한 가슴앓이의 경험은 누구에게나 보편적인 현상이기에, 그의 '사랑 시편'에는 그토록 깊은 정한情恨이 배어 있다.

넷째는, 특정 집단에서만 사용하는 언어, 즉 지역 방언인 거제사투리를 시 속에서 매우 적절하고도 효과적으로 활용하고 있다. 김 시인은 평생을 살아온 고향의 모습과 그곳에서의 일상을 잘 기억하고 있는 동시에, 매일 사용하는 고향의 언어 또한 잘 간직하고 있다. 그의 거제 방언은 읽는 이의 고향 체험과 상관없이 매우 정감어린 어조로 다가온다.

방언은 지역적 삶의 구체성과 핍진逼眞함을 온전하고도 여실히 느끼게 해주는 역할을 하기 때문에, 고향의 방언이야말로 현장의 모습을 생생히 불러일으킨다고 말할 수 있다. 김 시인이 이번 시집에서 거제 방언에 대한 진술을 여러 번 시도하는 점 역시 고향의 모습과 그 속에서 숨 쉬는 일상의 체험을 더욱 감각적으로 드러내고자 하는 의도를 지닌 것으로 파악된다.

다섯째는, 단가短歌 형식의 짧은 시들이 있는 반면, 산문시 형태로 길어지는 경향의 두 가지 특징을 동시에 실험하고 있는 점이다.

시라는 형식의 보편적인 특징에 부합하는 '말 부림'〔言語驅使〕에 애써 구애받지 않으려는 그의 실험적인 이런 시도는, 그가 사라진 시간의 흔적들에 대한 정서적 인상印象을 그냥 말의 형식으로 옮겨놓으려는 데서 비롯한다. 따라서 그의 말 부림은 때때로 시詩이기 전에 기억 저편의 원형적 공간과 삶의 경험에서 건져올린 반성적 사유思惟에 의한 언어의 결과물이다.

3

호산 김현길은 내가 보기에는 타고난 시인도 아니고, 치열한 시정신으로 단련하여 각고의 노력 끝에 도달한 시인도 아니다. 그렇다면 그는 과연 어떤 시인인가?

어느 날 문득 시가 그를 찾아와, 그로 하여금 시를 중얼거리게

함으로써 누군가의 전언傳言을 대신하는 영매자靈媒者 같은 역할을 하고 있는 것 같은 느낌이 들 때가 있다. 말하자면, 김 시인은 머리로써 시를 쓰려고 하는 게 아니라, 시가 찾아올 때를 기다렸다가 저절로 내뱉을 때까지 가슴으로 품어 안으려 하는 시인이다.

시는 가슴으로 쓰느냐, 머리로 쓰느냐 하는 물음은 과거에 고전주의자와 낭만주의자의 논쟁에서 시작되었다. 사람의 가장 중요한 기관인 뇌와 심장에 비유하여 시도 머리와 가슴, 어느 쪽에 더 비중을 두느냐가 문제였다.

그러나 정작 더 중요한 것은 머리로 쓰느냐, 가슴으로 쓰느냐보다는 그 둘을 어떻게 하나로 조화롭게 구성하느냐다.

그동안 낭만주의 시는 감정의 분출로 인해 지성의 절제가 부족하다는 비판을 받았고, 지성 편중의 모더니즘 시는 감정을 배제하고 공허한 언어유희에 빠지기도 한다는 지적을 받기도 했다. 요컨대 서로 다른 두 개의 경향이 하나가 되어 생명의 전체성을 표현해야 한다는 것이 더 중요한 문제로 대두된 지 오래다. 풍요한 정신이란 이 두 개의 서로 다른 경향이 한쪽을 배제하는 편협함이 아니라, 이 둘을 결합시켜 꽃피우는 열린 정신이다. 미당未堂 서정주 식으로 말하면, 서정시란 감정과 사상으로 생명의 전체성을 표현해야 하는 것인데, 앞으로 김현길의 시도 이러한 방향으로 더욱 정진하여 풍요한 개화와 결실을 맺기를 바라면서, 이번 제2시집의 출간을 진심으로 축하드린다.

시해설

존재의 시학과 의미론적 순환循環

— 김현길 시인의 시적 환경과 합일성

엄창섭(관동대 명예교수, 국제펜클럽 한국본부 고문)

1. 시적 응시와 자아의 변주變奏

본질적으로 견고한 고정체를 소통의 도구인 언어를 가능주의의 매체로 자유롭게 교신하는 시적 형상화는 행복한 언어의 집짓기에 해당된다. 경남 거제 태생으로 조상의 뼈가 묻혀 있는 향리를 우직하게 지키며 삶의 일상에서 느끼고 체험한 자잘한 서정을 소통의 기표記標로 교신交信하고 있는 김현길 시인은 2009년 〈시사문단 문학상〉 수상에 앞서 첫 시집 《홍포예찬》(시사문단, 2007)을 간행한 바 있다. 그는 자기변명처럼 "가슴에서 우러나는 시 쓰기에 열중하던 끝에" 또다시 미적 주권이 확립된 정신적 생산물인 《두고 온 정원庭園》(도서출판 경남, 2012)을 출간하게 된 것을 모두冒頭에서 크게 축하를 드리고 싶다.

논의의 초점은 아니나 창조와 모방은 연계성을 지니고 있음은 주지할 바이다. 그것은 인간의 내면심리에는 자연을 거부하거나 자연과 대립하는 창조의 정신을 지닌 동시에 자연을 모방하고 순응하는 모방정신이 불가분의 관계임에 틀림이 없다. 이 같은 대립의 구조는 지극히 합리적이고도 상호보완적인 공존의 양상으로 자리한다. 일반적으로 '공간은 사회적 산물' 이라는 기드슨 르페브르의 지적은 '생성된 공간' 의 개념으로 해석된다. 따라서 현대인들의 존재론적 불안을 공간 상징이 특정한 시인의 정신적 생산물인 시의 형성과정에서 내면인식과 결부된 시적 응시와 자아의 변주에서 비롯되는 시의 틀 짜기와 합일의 공간을 상호 접목시킨 곧, 시인의 내면층위와 합일의 비교 검색이기에 본질적으로 유의미하다.

그 같은 연고로 '문학적 유산을 소홀히 하는 국민은 야만해지고 문학을 낳지 못하는 국민은 사상과 감성의 활동을 낳지 못하는 국민이다.' 라는 엘리엇T.S. Eliot의 교시적 가르침에 빗대어 한 편의 시가 상상과 감정을 통한 생명의 재해석임을 애써 논의할 필요가 없다. 특히 언어공해가 심각한 우리네 삶의 일상에서 피폐된 영혼의 정화를 위해 치유healing의 생명적 도구로, 고뇌의 밤을 지새우는 뜻있는 이와의 소중한 만남은 신선한 감동을 불러주기에 족하다. 불투명, 불확실의 시간대라는 연계선상에서 다행스럽게도 김현길 시인의 시집을 여는 한순간, 아득한 기억들의 가슴을 저며 오는 서정적 미감의 실체인 "무심한 강물은 흘러갔지만/ 너와 나 기슭에 초막을 치고/ 밤이면 별을 쪼는 원앙이 되자(《동강 연서》)"를 접하다 문득 까닭 모를 분노가 마음의 평정으로 변형되는 시적 치료의 가능성을 놀랍게도 체감하게 되었다. 바로 그것은 정의와 순수함이 변질되고 무너져 내린 이 시대지만 역사의 소임을 지닌 예언자적 시인이라면 힘겹고 가슴이 저려오는 고통이 따를지라도 '풀꽃 향 풍겨내는 감미롭되 지조 있는 삶을 살아가리라.'는 따뜻한 감성과 신념으로 최소한 타인을 배려하는 언어에 대한 분별력을 지녀야 할 것이다.

모름지기 매몰차고 우울한 우리네 일상에서 신이 허락한 존재의 까닭을 구명究明하기 위하여 틈틈이 생명적이고도 창의적 부산물로 형상화한 그의 시편들은 어디까지나 유의미한 것으로 적확, 격렬, 구체적, 복합적이어야 하고 리듬과 형태를 갖추고 있음을 확증하기 위해 열중하고 있다. 이 같은 정직성과 그만의 성실함이 그의 시를 읽는 독자의 기쁨이며, 큰 행복이기에 충직한 독자들의 관심의 대상이 되기에 부족함이 없다. 아울러 근간에 있어 비중 있게 논의되는 미적 주권이 확립된 시편들은 생명에의 변주를 위한 신선한 감동을 충격적으로 일깨워 주기에 분방한 상상력과 내면인식은 의미 있는 정신작업으로 해석된다.

일단, 여기서는 캇슨의 지적처럼 새가 사라진 거대한 숲의 침묵을 상상하여 볼 때, 한순간 우리를 엄습하는 불안과 초조, 그리고 공포의 구속으로부터 벗어나기 위한 하나의 도구로 시작詩作의 분할과 통합에 접근하여 잠시 영혼의 잠식에 머물기로 한다.

2. 사유思惟의 기표, 시의 분할과 통합

격랑의 혼돈 속에서 새로운 태양이 솟아오르지만, 대립구도로 절망의 끝이 보이지 않는 조국의 사회현상은 실로 암담하다. 그러나 '이미 죽어간 이들이 그토록 갈망했던 미래의 시간인 오늘'을 살아가고 있는 우리가 인류에 대한 사랑을 '사유의 기표로' 변주하지 않으면, 결코 눈부신 꿈과 이상을 실현할 수 없다. 꿈이 실현되지 않으면, 불가능 또한 가능한 현실로 전환될 수 없기에 진리와 자유를 수호하는 이 땅의 정신작업의 종사자들은 창조적 행위를 반복하여야 한다. 까닭에 격랑의 세월이 변형變形의 틀을 만들어가는 소중한 시간대에서 우리네 삶을 새로운 자존감으로 빛나게 하는 그만의 시적 매력과 친숙함의 탐색 작업은 어디까지나 가치를 지니게 된다.

우리가 처한 실상은 "갈대가 사는 순천만에 가면/ 철새들이 사람 구경을 나오고/ 망각에 익숙해진 사람들은/ 앵무산 꼭대기 흑두루미 엽서 한 장/ 그 엽서 한 장 얻으려고/ 짓무른 노을 속을/ 부지런히 가고 있다." 때문에 삶의 매순간 직면하는 물상에 대한 공포와 불안에서 비롯된 자아분열의 양상은 심적 충격에 의해 지나칠 정도의 갈등으로 변질되는 세태이어서 종종 안타까움마저 앞선다. 이 같은 상황에서 물질적인 것보다 생명적인 양상을 추구하여 회복시키며 자신의 이전 작품에 만족하여 현실에 안주하지 아니하고 다음 작업을 위하여 주의집중과 눈부신 도전정신에 몰입하여 충직한 독자를 감동시키는 것은 실로 생산적이고 창의적인 소치所致임에 틀림이 없다.

노인은 잊혀져간 사람들과
토막 난 추억들을 정리하고
나는 불현듯 시를 생각하고
그리고 말없이 말없이
외로움을 떠먹는다.

—〈홀로 산다는 것〉에서

인용한 그의 시편 〈홀로 산다는 것〉에서 "청승맞게도 숟가락으로 밥을 푼다/ 나처럼 설거지 하나 줄일 생각일까"에서 저녁상을 홀로 준비 중인 독거노인의 슬픈 자화상을 따뜻한 감성에 담아 시적으로 형상화시킨 김현길 시인의 심미적 태도는 '나는 불현듯 시를 생각하고/ 그리고 말없이 말없이/ 외로움을 떠먹는다.' 라는 시적 형상화를 위한 시의 자주성과 독자성의 회복과 거부감 없이 접목된다. 이처럼 우리의 기대에 어긋남이 없을지라도 한 시대의 입법자로서 화자persona는 현대와 전통의 틀을 쌓고 허무는 엄숙한 시인으로 자신의 시적 토양을 조성하기 위하여 아우리기를 반복한다.

싱그러운 가지들이 서로 껴안고
들머리 긴 물웅덩이 닿을 듯이 늘어선 곳
오색 강돌 위로 은어 떼 번뜩이는 둔치에 서면

남치마 홀치매고 물박음질하는 물총새 한 마리

—〈둔덕천의 물총새〉에서

이처럼 김현길 시인이 추구하려는 친환경적인 세계는 너무 경이로워 때로는 '물박음질하는 물총새 한 마리' 까지 '홀연히 그 모습 뒷산 준령을 넘는' 현상으로 치환되는 것이다. 까닭에 비교적 정직한 심상으로 사상에 적합하고 음조가 좋은 언어의 의상으로 장식하려는 그만의 고뇌苦惱와 몰두는 "아주 오래된 이야기/ 그때 보고는 까맣게 잊어버린/ 무서워 몸서리칠지언정/ 내 유년의 손으로 꼭 잡아보고 싶었던/ 공동묘지 위를 날던 파란 혼불(〈도깨비불 · 2〉)" 그 자신이 추구하는 유년시절의 동화 같은 나라, 즉 '공동묘지 위를 날던 파란 혼불' 같은 그만의 집념과 시격詩格은 못내 비장감으로 빛나는 것이다.

여기서 "마애불 지키는 늙은 소나무 바람에 가지 부러지고/ 그곳에 탁목조 신방을 차렸다/ 탁목조 알 까고 떠난 자리/ 이번엔 물푸레나무가 아예 뿌리내리고 산다(〈선운사 소고〉)"에서 명증되어지듯 '선운사 찾아가고, 도솔암 마애불 보러가는 행위' 를 통하여 내밀한 언약言約을 할 수 있다면 그것은 실로 생산적이고도 건강한 정신적 작업에 해당할 것이다. "죽어가는 모든 것을 사랑해야지(〈서시序詩〉)"라며 독백을 흘린 윤동주 시인처럼 추락과 명상이라는 시간대에서 어젯밤 그만의 온유한 심성의 감춤에 의한 떠벌림이나 외연의 노출을 지극히 경계한 내면인식의 돌아봄에 해당된다. 이처럼 김현길 시인의 내면의식은 보다 고정화

된 관조와 평정인 동시에 실로 정체가 아닌 생명의 호흡이며 진정한 율동으로 충직한 독자로서의 우리가 절감하는 휘트먼적인 생명의 결부로 현대문명의 찌든 영혼을 정화시켜주는 신선한 생명감에 의한 감미로운 입맞춤(味感)이다.

3. 자아의 변형과 영혼의 잠식蠶食

행복한 꽃나무 가꾸기와 영혼의 잠식으로 해명되는 그의 독자적 시정신은, 비교적 식물성 언어로 직조된 전율 같은 가슴 떨림이며, 동시에 그만이 겪는 황홀함이기에 지극히 서정적이다. 나름대로 시의 샘을 통하여 길어 올린 맑고 담백한 시편을 통하여 예감할 수 있는 시인의 실체는, 지극히 온유한 심성의 소유자로 확증될 뿐 아니라 생명의 꽃을 눈부시게 피워내는 따뜻한 감성의 존재이다.

이상한 소리에 잠이 깬다
사랑싸움이 유별난 왜가리 부부가
밤새 참았던 그 애모가지 고함을
새벽 창공에 내지른 것이 분명하다

백주대낮 물 고인 저수지
드문드문 백로들이 보초를 선 가운데

터줏대감 멍텅구리 오리들이
갈밭 은밀한 곳에 짝짓기가 한창이다

오후 햇살이 따사로운 보리밭
얼핏 장꿩의 붉은 벼슬이 보이고
찔레 덤불 속 비비새 떼가
가랑잎처럼 날릴 때
전봇대 위의 집을 끝내 포기당한 까치는
미루나무에 삭정이를 물어 올린다

유완산 꼭대기로 해 넘어가고
어둠 내린 산 옆 논에
산개구리 울면
무수한 별들이 기다렸다는 듯이 뜨던 곳
아, 이제는 돌아가야 하리
두고 온 나의 정원으로

—〈두고 온 정원〉 전문

김현길 시인의 표제 시 〈두고 온 정원庭園〉은 그만의 냄새, 사유에서 발아發芽되어 미적 주권의 확립과 생명에의 변주라는 틀 위에서 기인된 파상破狀의 탐색이다. "아, 이제는 돌아가야 하리 / 두고 온 나의 정원으로"에서 다시금 명증되듯 내면인식에 깊이 자리한 귀환심리歸還心理에 의한 "무수한 별들이 기다렸다는 듯이 뜨던 곳"에서와 같이 지극히 귀천歸天적인 본향에 안식의 닻을 내리는 평온함마저 감미롭게 안겨주고 있다. 이처럼 그의 담백한 시격詩格 또한 "별빛보다 풀벌레 소리가 더 밝은 밤/ 그리운 사람에게/ 편지라도 쓰고 싶은/ 아, 가을밤이다(《가을밤 풀벌레 소리에》)" 〈낙조〉, 〈학동 흑진주 몽돌해변〉 등과 같이 자연 친화적인 시적 환경에 잇닿아 있어 마침내 추하고 우울한 대상마저 깨끗하고 정화시키는 따뜻한 정신기후를 조성시켜주는 저력을 지니고 있다.

모름지기 불안, 초조, 조급함에 익숙한 대다수 이 땅의 시인들에 비해 김현길 시인을 "황간黃侃의 유인遊刃에 견주어 예술의 품격을 향유할 줄 아는 천성적 시인"으로 단정할 수 있는 점은 다행스럽게도 활력이 넘쳐나는 실험 · 도전정신에 기인한 탓으로 가늠되어진다. 일단, 미적 주권의 확립이라는 큰 틀 위에서 빛나는 서정성을 나직한 육성으로 구명하고 독자적으로 본래의 형질을 해체하는 고독한 작업에 고뇌하는 그만의 주의집중은 높이 평가하여도 결코 지나침이 없다.

결론적으로 정직하고 당당한 그의 시적 행보行步는, 현실의 안주를 거부하는 식별력과 전의식에 의한 물상 내면의 아름다움을 확증하려는 심적인 탐색으로 압축되기에, 혼돈의 와중에서 추구하는 심리적 평온함은 피폐된 영혼을 정화시켜주는 시적 치료의 가능성 또한 열어 보이고 있다. 오랜 날의 각고 끝에 상재한 그의 정신적 집산물의 총합인 《두고 온 정원庭園》을 통한 자명한 잠언적箴言的인 교시는, 복잡다기한 문화의 세기에 몸담고 있는 한 사람의 심리학자, 작품에 대해 충실하고 개방적인 중개자, 그리고 엄숙한 시인으로 시대적 소임의 자인自認은 물론, 우리시단에서 신념을 비중 있게 인식하는 시인으로서의 존재 확인이다.

아울러 글의 말미에서 경계 허물기로 소외된 이웃을 위해 가슴을 열어놓고 자신의 천직에 충실하되 시적 상상력을 확장시켜 불가능을 가능으로 전이轉移시키는 비공인된 입법자인 김현길 시인에게 거는 한결같은 기대라면, 상처받은 이들의 영혼을 치유하기 위해 불행과 증오, 그리고 고통이 자리한 삶의 처소에서 흔들리지 않는 신념과 날〔刃〕 푸른 예감을 줄기차게 펼쳐 보이며, 〈부활〉, 〈안중근〉, 〈아! 그날의 진주성〉과 같은 역사인식의 확장을 위해 피멍든 영혼의 닻줄을 끝내 움켜잡는 한 시대의 예언자로서의 엄숙한 소임을 다하여 달라는 것이다.

경남시인선 145

두고 온 정원

김현길 시집

펴낸날 | 2012년 6월 28일

지은이 | 김 현 길
펴낸이 | 오 하 룡
펴낸곳 | 도서출판 경남

주　소 | 창원시 마산합포구 남성로 42
연락처 | (055)245-8818~8819
홈페이지 | www.gnbook.com
블로그 | gnbook.tistory.com
이메일 | gnbook@empal.com
등　록 | 제2호(1985. 5. 6.)
편집팀 | 오태민 | 심경애 | 구도희

ISBN 978-89-7675-769-2-03810

〔값 10,000원〕

* 이 책은 거제시문화예술진흥기금에서
발간비의 일부를 지원받았습니다.